Mírame estoy aprendiendo inglés

(UNA HISTORIA PARA NIÑOS ENTRE 3-6 AÑOS)

Escrito por Daniel Williamson
Ilustrado por Kleverton Monteiro

Primera publicación en 2019 por Daniel Williamson

www.danielwilliamson.co.uk
Esta edición fue publicada en 2020
Copyright del texto: Daniel Williamson 2019
Copyright de las ilustraciones: Kleverton Monteiro 2019
Copyright del diseño portada: Uzuri Designs 2019

Todos los derechos reservados. Ninguna parte de esta publicación puede ser reproducida, almacenada en un sistema de recuperación o transmitida en ninguna forma o medio electrónico, mecánico, digitalizado, grabado o de otra manera, sin permiso previo del que tiene derecho de copyright.

ISBN 978-1-913583-10-1

www.danielwilliamson.co.uk

Este libro está
dedicado a mi hija
Carmela

¡Soy una persona pequeña en un mundo enorme!

I'm a small person in a big, big world!

Conozco personas mayores que yo. Las personas mayores saben más cosas porque empiezan a aprender cuando son pequeños.

I know people bigger than me. Bigger people know more things because they start to learn when they are small.

No todo el mundo habla español como yo. ¡Algunas personas mayores hablan inglés algunas hablan dos idiomas!

Not everyone speaks Spanish like me. Some bigger people speak English, some speak two languages!

¡Quiero aprender inglés, para poder hablar con personas que hablan inglés y así hacer muchos más amigos!

I want to learn English too so I can speak to English speaking people and make even more friends!

Primero, aprenderé a contar usando los chicharos en mi plato.

First I'm going to learn to count using the peas on my plate.

¡Ahora sé cómo contar hasta diez! ¡Mírame, estoy aprendiendo inglés, ¡aprender inglés es divertido!

Now I know how to count to ten! Look at me I'm learning English, learning English is Fun!

Me pregunto: ¿Qué le diría a una persona que habla inglés? Creo que diría: –"Hola, ¿Cómo estás?" Y ellos me contestarían: –"Estoy bien, gracias ¿Y tú?

I wonder what to say if I meet an English person? I think I would say - "Hello, how are you?" Then they would say - "I'm fine thanks and you?"

Después tendría que decirles mi nombre. Yo les diría – "Hola, mi nombre es _____, ¿Cuál es el tuyo?"

Then I would need to tell them my name. I would say – "Hello, my name is _____, what's your name?"

Ahora quiero decirles mi edad y preguntarles qué edad tienen. ¡Veré si puedo recordar los números!

Now I want to tell them my age and ask how old they are. Let's see if I can remember the numbers!

Tengo_____años, ¿Cuántos años tienes?

I am _____ years old, how old are you?

¡Mírame, estoy aprendiendo inglés!
¡Aprender inglés es divertido!

Look at me I'm learning English!
Learning English is fun!

Necesito aprender a decir las cosas que me gustan y las cosas que no me gustan, ¡Probemos con algunas oraciones!

I need to know how to say the things I like and the things I don't like, let's try some sentences!

¡Me gustan los días soleados. Me gusta ir al parque y jugar en la resbaladilla y los columpios!

I like sunny days. I like to go to the park and play on the slide and swings!

¡También me gusta jugar con mis amigos en la calle. A veces jugamos fútbol, a veces jugamos al escondite!

I also love playing with my friends outside. Sometimes we play football, sometimes we play hide and seek!

No me gusta cuando el clima está lluvioso y hace viento, así que voy al cine, veo dibujos animados y como palomitas.

I don't like when it's rainy and windy so I go to the cinema, watch cartoons and eat popcorn.

¡Lo que más me gusta hacer es un picnic.
Me gusta comer rebanadas de manzana pero
me gusta más comer plátano!

My favourite thing to do is go for a picnic.
I like eating apple slices but I prefer bananas!

La última vez que fui al parquer vi un enorme arcoiris.
¡Veámos si puedo recordar todos los colores!

Last time I went to the park I saw a huge rainbow.
Let's see if I can remember all the colours!

¡Los colores del arcoiris son rojo, naranja, amarillo, verde, azul claro, azul marino y violeta!

The colours of the rainbow are red, orange, yellow, green, blue, indigo and violet!

¡Mírame, estoy aprendiendo inglés!
¡Aprender inglés es divertido!

Look at me I'm learning English!
Learning English is fun!

En casa tengo algunas mascotas, ¡Y cada una es de un color diferente!. Tengo un perro color café, un gato blanco y negro y un conejo color gris.

At home I have some different pets and they are different colours too! I have a brown dog, a black and white cat and a grey rabbit.

A mi perro le gusta que le lance la pelota, siempre la trae de vuelta, ¡es su juego favorito!

My dog likes me to throw his ball for him, he always brings it back, it's his favourite game!

A mi gato le gusta dormir en el sillón todo el día, ¡es un gato muy perezoso!

My cat likes to sleep on the sofa all day, he's a very lazy cat!

Mi conejo vive en el jardín, come zanahorias todo el día, ¡las zanahorias lo ayudan a ver mejor por la noche!

My rabbit lives in the garden, he eats carrots all day, they help him see better at night time!

Por la noche, me pongo mi pijama. Me encanta meterme a la cama y escuchar un cuento, después cierro mis ojos y lentamente me quedo dormido, listo para aprender más inglés el día de mañana...

At night time I get into my pyjamas, I love getting into bed for a story, then I close my eyes and slowly fall asleep, ready to learn more English tomorrow...

Este Autor ha desarrollado una serie de los libros bilingües, para introducir a los niños más pequeños varios idiomas nuevos.

Si te gusto este libro definitivamente te gustarán los libros ilustrados con rimas populares de este autor que estàn disponibles actualmente.

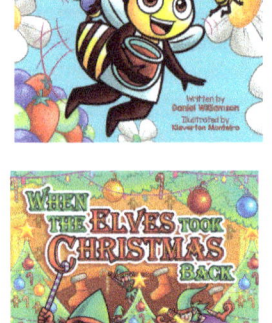
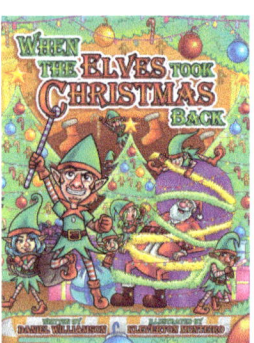
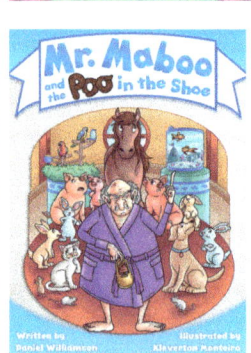

Un mensaje del autor

¡Me gustaría agradecer increíblemente a cada niño y adulto que ha leído uno de mis libros! Mi sueño es unir culturas por medio de ilustraciones divertidas, la imaginación y la creatividad del poder de los libros.

Si te gustaría unirte a mí en esta aventura, por favor visita mi página web danielwilliamson.co.Uk donde cada nuevo subscriptor recibe un e-book gratis o con gusto lo enviaremos a un amigo de tu elección ¡como regalo!

¡Nada me hace más feliz que una opinión en la plataforma donde hayas comprado mi libro, contándome de donde son mis lectores! También, por favor, haz clic en mis enlaces más abajo y sígueme para unirte a esta familia en línea que crece ¡cada día!

Recuerda, no existe momento como el presente y el presente ¡es un regalo!

Mis agradecimientos,

Daniel Williamson

@DanWAuthor   @danwauthor   @DanWAuthor

www.ingramcontent.com/pod-product-compliance
Lightning Source LLC
Chambersburg PA
CBHW042032100526
44587CB00029B/4393